AF363638

L'INVITÉ

SCÈNES DE LA VIE DE CHASSEUR EN UN ACTE

Représentées pour la première fois, à Paris, sur le Théâtre du Palais-Royal,
le 10 Novembre, 1877.

L'INVITÉ

SCÈNES DE LA VIE DE CHASSEUR

EN UN ACTE

PAR

M. ERNEST BLUM

Représentées pour la première fois, à Paris, sur le Théâtre du Palais-Royal,
le 10 Novembre, 1877.

DEUXIÈME ÉDITION

PARIS

A. ALLOUARD, LIBRAIRE-ÉDITEUR

COMMISSIONNAIRE

37, RUE SERPENTE, 37

1878

Tous droits réservés

PERSONNAGES :

TROUILLAC	MM.	BRASSEUR.
LIVAREAU		FUSIER.
LE BARON		BUCAILLE.
EDOUARD		BOURGEOTTE.
CHASSEURS		

La scène au château du baron

Avis. — Toutes les indications sont prises de la gauche du public. — Les changements de position sont indiqués par des renvois au bas des pages.

S'adresser pour la mise en scène détaillée, à M. SÉVIN, régisseur général du Théâtre du Palais-Royal, et, pour la musique, à M. BARBIER, chef d'orchestre du Théâtre.

L'INVITÉ

La chambre d'une femme de chambre dans le château de M. le baron. — Porte d'entrée à droite premier plan au fond, à droite, une porte recouverte d'une portière en perse. Une autre porte à gauche, premier plan. Fenêtre avec balcon à droite deuxième plan. Au fond, un lit à gauche, deuxième plan, une cheminée avec glace et pendule, Une petite table à gauche, chaises, sonnettes au-dessus du lit ; une peau de monton devant le lit. — A gauche une table de nuit, uu fauteuil au pied du lit, un portemanteau. Au lever du rideau la scène est vide, l'on entend au dehors un tintammarre, des bruits de voix et de pas de domestiques allant et venant, des aboiements de chiens, une cloche qui sonne, etc.

SCÈNE PREMIÈRE

LIVAREAU

(*Livareau ouvre la porte de gauche, il a un foulard sur la tête, il est en bras de chemise, il a un bougeoir à la main. La scène s'éclaire.*)

Qu'est-ce qu'il y a encore ! diable de château ! depuis ce soir ça n'arrête pas : on n'a pas idée de ce baron qui invite tout le département à chasser avec lui... la maison est pleine.., il a déjà été forcé de nous caser madame

Livareau et moi dans la lingerie.(*Il désigne la porte de gauche.*) Ça sent l'eau de javelle. Elle n'est pas très-bien ce soir madame Livareau... C'est peut-être cette diable d'odeur. Je venais voir si la femme de chambre était montée chez elle... pour lui demander si au besoin elle aurait ici quelque réconfortant... (*On entend un coup de cloche au dehors. Allant à la fenêtre.*) Là, j'en étais sûr... c'est encore un nouvel invité... mais il en pleut donc! Où va-t-il le loger celui-là... dans l'écurie? pourvu que madame Livareau, me laisse dormir cette nuit... (*Il rentre chez-lui. Nuit.*)

SCÈNE II

LE BARON, TROUILLAC.

LE BARON, *entrant par la porte de droite premier plan, suivi de Trouillac, un bougeoir à la main. La scène s'éclaire.*

Par ici, mon cher monsieur Trouillac, par ici!... C'est tout ce qui nous reste. (*Il pose le bougeoir sur la table de nuit.*)

TROUILLAC, *entrant. Il est en costume de chasse ridicule, veste dont le collet lui monte sous les oreilles. Carnassière, fusil, cor, passés autour de lui. Il a un sac de nuit à la main. Léger accent gascon*.*

Monsieur le baron, je suis vraiment confus. Oui... pour un homme confus...

LE BARON.

C'est votre faute aussi... nous ne comptions plus sur

____
* Le baron, Trouillac.

vous. Vous arrivez à dix heures et demie, quand tout le monde est couché ou en partie.

TROUILLAC.

J'ai manqué le train... c'est la faute de madame de Trouillac. Elle n'en finissait pas de m'harnacher... je lui disais : Voilà l'heure ! voilà l'heure !...

LE BARON.

Enfin, une mauvaise nuit de chasseur est bientôt passée. Vous connaissez cela...

TROUILLAC.

Si je le connais !...

LE BARON.

Il faut d'ailleurs être debout demain à cinq heures. Ça abrége la corvée, c'est la chambre de la femme de chambre... (*Prenant le sac de nuit de Trouillac et allant le déposer près du lit. Trouillac passe à gauche*.*) Il n'y a jamais eu tant de monde au château... nous sommes vingt-sept... Vous serez voisin de M. Livareau et de sa dame... (*Il désigne la porte de gauche.*)

TROUILLAC.

Le percepteur des contributions?...

LE BARON,

Lui-même.

TROUILLAC, *avec mépris.*

Peuh !... nous ne sommes pas de la même localité... c'est un homme du centre... il n'a pas de sang dans les veines...

---

* Trouillac, le baron.

LE BARON, *riant.*

C'est le contraire de vous!... Vous ferez bien attention, si vous sortez, de ne pas vous tromper de porte... Car vos voisins n'ont pas d'autre issue que sur vous et si le hasard vous faisait vous rencontrer avec madame la percepteuse en toilette de nuit... (*Il rit.*)

TROUILLAC.

Je sais... M. Livareau m'arracherait les yeux... il est jaloux... au point qu'il ne reçoit jamais et cependant en sa qualité de receveur...

LE BARON.

Evidemment... il devrait recevoir... ce n'est pas comme moi, j'adore le monde. Voyons, vous avez bien tout ce qu'il vous faut, je n'ai pas besoin de vous demander si à cette heure-ci... Vous avez dîné...

TROUILLAC.

Parfaitement! parfaitement!

LE BARON.

Du reste, je n'aurais personne à vous donner pour vous servir... j'ai envoyé tout mon monde se coucher... (*Lui prenant son fusil.*) Votre fusil est chargé?

TROUILLAC.

Oui, je le crois. C'est ma femme qui y a tenu, parce qu'en venant... à cause des mauvaises rencontres...

LE BARON.

Soyez prudent.

TROUILLAC.

N'ayez pas peur... Tous les chiens sont fermés... à double tour.

LE BARON, *examinant le fusil.*

Il est a deux coups ?

TROUILLAC.

Oui, c'est un cadeau du cousin de ma femme... Il en voulait un à un coup... mais il a dit : pendant que j'y suis...

LE BARON.

Il est bien, il est bien. (*Mettant le fusil dans un coin à droite.*) Sur ce, bonsoir...

TROUILLAC.

Bonsoir, monsieur le baron.

LE BARON, *à la porte.*

Ah ! vous vous méfierez aussi du couloir. Il y a des gens couchés par terre, sur des matelas, ma valetaille. Il faut bien qu'elle dorme... puisque j'ai donné toutes ses chambres à mes invités... Bonsoir, et bonne nuit. (*Chantant.*) « Chasseur diligent... »

TROUILLAC.

Taisez-vous !... vous allez réveiller...

LE BARON, *bas.*

C'est juste... bonne nuit.

TROUILLAC.

Merci ! (*Le baron sort à droite, premier plan.*)

SCÈNE III

TROUILLAC *seul.*

Il est charmant, ce baron... (*Il se débarrasse de son cor, qu'il pose sur la table à gauche.*) Mais qu'est-ce que vous pensez de ma femme, hein ! Ai-je raison ! Elle est cause que je suis arrivé à dix heures et demie, et que je n'ai pas dîné... car je n'ai pas voulu le dire au baron, mais croyant que je débarquerais encore assez à temps pour trouver tout le monde à table... (*Otant sa veste.*) Enfin, il a raison... une mauvaise nuit est bientôt passée. Du moins on le dit, car moi je n'en sais rien, n'en ayant jamais passé que de bonnes... depuis mon mariage... (*Il ôte son gilet et le pose avec sa veste et sa casquette sur le fauteuil placé au pied du lit. Il a retiré sa montre du gilet et l'a placée sur la cheminée.*) Sapristi ! ça me tiraille ! La scène que je ferai demain à mon beau-père, car lorsque je ne suis pas content de ma femme, c'est à mon beau-père que je fais des scènes, ça m'est plus commode. Ma femme étant de la même localité que moi, elle s'emporte au moindre mot, comme moi !... tandis qu'avec mon beau-père, qui est du Nord, ça va tout seul, ça ne change rien à la situation, c'est vrai, mais ça me soulage. (*Se tâtant.*) Qu'est-ce que j'ai donc fait de ma poudrière... Bon ! je l'aurai laissée dans le chemin de fer... Je préfère cela du reste... de la poudre et des cartouches sur soi, ça n'est pas prudent, un malheur est si vite arrivé... D'habitude... je chasse très-bien sans... Le gibier me connaît tellement... Aussitôt qu'il m'aperçoit il dit : Tiens ! voilà le père Trouillac !... C'est même étonnant qu'ayant la profession que j'exerce, — parce que moi, je suis greffier au tribunal du département de Saône-et-Meurthe, — c'est même étonnant qu'ayant la profession que j'exerce, je sois si goulu de faire concurrence à

Hippolyte... (*Au public.*) Hippolyte... le beau-fils de Phè-
dre... Racine père... (*Reprenant.*) Tenez, dernièrement
ma femme m'envoie chasser chez monsieur le sous-pré-
fet... l'avant dernier... celui qui y était avant de... ne
plus y être. On chassait par hasard. Sitôt qu'on me voit,
comme on connaît mon goût... on me met sans rien me
dire... un fusil dans les mains et on me place en face
d'un lapin, mais d'un lapin, il avait une queue de ba-
leine... Sapristi, ça me creuse... (*Regardant autour de lui.*)
Elle n'est pas mal cette chambre, pour une chambre de
domestique. Il y a un confortable très-remarquable...
des chaises, une glace! Tiens! il y a quelque chose de
gravé sur la glace. (*Lisant.*) « J'aime Edouard pour la
vie! » C'est étonnant, ces femmes de chambre, ça se
permet d'aimer des Edouards comme de simples bour-
geoises... (*Il éternue.*) Atchi! il y a du vent ici, vous ne
trouvez pas !... Positivement il y a quelque chose d'ou-
vert. (*Il retourne à la fenêtre.*) Bon! c'est un trou dans le
carreau! je vous demande un peu... cet enfant... d'É-
douard, qui couche avec un courant d'air... il y a de quoi
donner une phthisie galopante à des gendarmes... à che-
val... Avec quoi vais-je boucher ça... Je n'ai rien... (*Avisant son cor qui est sur la table.*) Ah! mon cor... c'est
même très-bon de les mettre sécher la nuit... ça les rend
plus sonores... à ce que l'on dit, car je ne m'en suis pas
encore servi. (*Il met l'embouchure dans le trou du carreau.*)
Là, comme ça, je peux dormir tranquille. (*Il va près du
lit et retire ses guêtres.*) Couchons-nous! (*Le vent souffle
dans le cor et lui fait pousser des notes inarticulées. Trouillac,*

s'arrêtant.) Vous n'avez pas entendu. (*Nouveau bruit du cor.*) C'est curieux! on dirait comme des gémissements. (*Nouveau bruit du cor.*) Positivement il y a une personne qui se plaint dans ma chambre. Qui est là? (*Bruit plus fort. Trouillac a un mouvement de frayeur. Il va à la fenêtre.*) Que je suis bête! c'est le vent qui me joue des airs dans mon cor de chasse! (*Il retire le cor.*) Mais qu'est-ce qu'il a le vent, ce soir, à aimer la musique... (*Il accroche le cor au portemanteau.*) Je vais tamponner avec mon mouchoir... (*Il tamponne. Bâillant.*) Je tombe de fatigue (*Il ouvre son sac de nuit et en retire un bonnet de coton et des pantoufles.*) Décidément, je vais dormir un peu pour me refaire... (*Coup de sonnette au-dessus de lui, de la première sonnette.*) Entrez! (*Coup de sonnette de la seconde.*) Mais entrez qu'on vous dit. (*Levant la tête et voyant les deux sonnettes s'agiter.*) Ah! bon! qu'est-ce que c'est que ça à présent! (*Les sonnettes s'arrêtent.*) C'est madame la baronne et sa fille qui appellent leur femme de chambre!... mais on ne leur a donc pas dit!... (*Les sonnettes se remettent à carillonner sans discontinuer.*) Il paraît que c'est pressé! Ah! mais non! je ne peux pas dormir avec ce concert-là sur ma tête!... (*Il prend des ciseaux sur la cheminée et coupe les deux fils et enlève les deux sonnettes.*) Tant pis... je dirai demain au baron... qu'elles sont tombées toutes seules, parce que à la fin... si je ne dors ni ne mange. (*Voyant les fils de fer s'arrêter.*) Ça se calme!... et maintenant, couchons-nous... (*Il met son bonnet de coton, quitte sa chaussure et ses culottes. Il est en caleçon blanc, ouvrant les draps.*) Ils sentent bon, ces draps... La femme de chambre aura filouté des eaux de senteur à sa maîtresse pour plaire à son Édouard... (*Il se couche. Jeu de scène pour éteindre la bougie. Nuit. S'endormant.*) On m'avait donc mis en face d'un lapin... le lapin me dit... bonsoir... bons... (*Il est endormi. Musique. La fenêtre s'ouvre sans bruit et un marmiton portant dans ses bras un pâté, une bouteille de vin, un pot blanc et d'autres menus objets, apparaît. Il s'avance doucement dans la chambre. C'est Edouard.*)

SCÈNE IV

TROUILLAC *endormi*, **EDOUARD** *.

EDOUARD.

Heureusement que Médor me connaît... Il ne voulait pas rentrer dans sa niche ce soir... (*Il se dirige en tâtonnant vers la table.*) Cette pauvre Baptistine! Voilà notre souper et les objets de toilette que je lui ai promis. (*Il place les objets qu'il porte sur la table, regardant du côté du lit.*) Elle ne m'attend plus... elle doit dormir!... Tout le monde dort comme une souche dans la maison... (*Appelant à voix basse.*) Baptistine... c'est moi... c'est ton Edouard... (*Trouillac ronfle.*) Oh! Elle dit : Edouard!... Je sais comment la réveiller... (*Il s'avance vers le lit sur la pointe des pieds et embrasse Trouillac au front.*)

TROUILLAC, *s'essuyant machinalement.*

Ne me chatouillez pas beau-père !...

---

* Edouard, Trouillac, *couché.*

EDOUARD.

Elle se cramponne!... je vais redoubler alors, voilà tout. (*Il revient et embrasse longuement Trouillac toujours sur le front. Trouillac lui donne un soufflet. — Gagnant la droite*.*) C'est drôle comme elle a le sommeil agité ce soir! (*Il se cogne dans les chaussures de Trouillac, les prenant et les tâtant.*) Tiens!... elle a changé de chaussures... mais non! ce sont des chaussures d'homme. (*Il les remet près du lit.*)

TROUILLAC, *ouvrant les yeux.*

Voilà qu'on marche dans la chambre... Je suis sûr que c'est ce satané percepteur... Il est toujours par monts et par vaux. (*Il écoute.*)

EDOUARD, *tâtant les autres affaires de Trouillac qui sont sur le fauteuil.*)

Des bretelles... un habit de chasseur... Il y a un homme ici!...

TROUILLAC, *criant.*

Mais c'est insupportable! Je dors, monsieur Livareau, je dors!... (*Il se replonge sous les couvertures et se tourne du côté du mur.*)

EDOUARD, *à part.*

Un invité! c'est un invité... Sapristi! on aura encore fait coucher Baptistine dans la chambre de l'institutrice comme les jours où il y a trop de monde! Et elle ne me prévient pas! (*Il s'éloigne.*) Filons! (*Se cognant dans une chaise, il tombe.*)

* Trouillac, Edouard.

TROUILLAC, *sautant du lit et rallumant la bougie.*

Ah! mais à la fin, c'est trop fort. Voyons! Qu'est-ce que vous voulez, monsieur Livareau! nous dormons... Toutes les personnes honnêtes de la maison dorment à cette heures... (*Edouard s'est vivement caché derrière la portière de perse. Regardant dans la chambre.*) Personne... j'aurai rêvé! J'ai des cauchemars à présent, ça tient probablement à ce que je n'ai pas mangé... plus ça va, du reste, et plus ça me tiraille. Quand je dis un cauchemar, je faisais au contraire un rêve charmant... je rêvais qu'une sylphide bienveillante avait tout à coup placé sur ma table, une soupe aux choux, une superbe soupe aux choux... (*Il regarde étonné les objets qui sont sur la table.*) Hein! qu'est-ce que je vois-là... mais oui, je n'ai pas la berlue... (*Allant à la table.*) C'est du pâté, du vin! et des confitures!... mais c'est donc une chambre à trucs ici! Il y a donc vraiment des sylphides dans le voisinage. (*Il pose son bougeoir sur la table et s'installe.*)

EDOUARD, *entr'ouvrant les rideaux du lit sur lequel il s'est installé et apercevant Trouillac la serviette au cou et mangeant le pâté.*

Eh bien!... il mange mon pâté à présent?... Ah! mais non! mais non!

TROUILLAC, *mangeant.*

Mais c'est qu'il est délicieux, il est tout bonnement délicieux!

EDOUARD, *à part.*

Mais c'est qu'il ne va pas en laisser!

TROUILLAC, *buvant à même la bouteille.*

Ouf! ça va mieux... Je redeviens moi-même. J'avais

besoin de ça. Un peu de dessert à présent pour pousser
le pâté... (*Il ouvre le pot blanc.*)

EDOUARD, *à part.*

Ah ! mais non ! ça n'est pas du dessert, c'est des objets
de toilette...

TROUILLAC, *regardant.*

Drôles de confitures.., elles sont blanches. Encore
quelqu'invention de cuisinier !... (*Flairant.*) Ça sent bon !...

EDOUARD, *à part.*

Je crois bien. J'y ai mis deux grains de patchouli, ça
parfume la peau !

TROUILLAC, *mettant du contenu du pot sur son assiette.*

Goûtons toujours... je verrai bien...

EDOUARD, *à part.*

Comment il va goûter le cold-cream ! Ah ! mais !...

TROUILLAC, *mangeant.*

C'est fade, mais ça se laisse manger...

EDOUARD, *à part.*

Sapristi !... et moi qui ai ajouté trois paquets d'aloès
pour donner du ton.., il va se rendre malade !

TROUILLAC, *s'arrêtant en faisant la grimace.*

Ah ! c'est curieux ! ça me fait un drôle d'effet.

EDOUARD, *à part.*

Là, j'en étais sûr !

TROUILLAC, *se levant.*

Mais je suis indisposé !...

EDOUARD, *à part.*

Dame ! on le serait à moins !... (*Il referme les rideaux.*)

TROUILLAC.

Ah ! bien !... il ne me manquerait plus que ça, par

exemple!... mais c'est que je vais encore réveiller tout le monde! et pourtant... j'ai besoin de prendre l'air... beaucoup d'air... Mais où, par où... (*Il prend son bougeoir et cherche une issue. Il va à la porte de Livareau.*) Non! pas par là!... c'est le percepteur?... (*Il va à la fenêtre, le chien aboie.*) Oui, je sais! (*Avisant la portière et la soulevant.*) Ah! qu'est-ce que c'est que cette porte que je n'avais pas vue. (*Apercevant des personnes couchées sur des matelas.*) De la valetaille... tant pis! une issue, sauvé!... (*Dans sa précipitation il marche sur un dormeur, celui-ci pouse un cri. Trouillac disparaît, la porte se referme.*)

EDOUARD, *étonné le regardant s'en aller.*

Eh bien! où va-t-il par là? (*Il referme vivement les rideaux en entendant la porte de gauche s'ouvrir.*)

SCÈNE V

EDOUARD, LIVAREAU.

LIVAREAU, *rouvrant sa porte, très-enrhumé, le nez rouge. Il est en caleçon et en pet-en-l'air. Il a son bougeoir à la main.*

Ma femme n'est pas mieux, elle me regarde avec des yeux plaintifs... elle me raconte les amours de Paul et Virginie... Qu'est-ce qu'elle peut bien avoir. Il faut absolument que je lui trouve de l'eau de mélisse; heureusement que l'office n'est pas loin... (*Il passe sans faire de bruit devant le lit et sort par la droite premier plan.*)

EDOUARD, *sortant de sa cachette.*

Tiens! l'autre qui a l'air d'être indisposé aussi, c'est

une série!... ma foi, filons!... (*Prêtant l'oreille.*) Il revient, mais où donc peut-il avoir été. (*Il se cache sous le lit.*)

SCÈNE VI

EDOUARD, TROUILLAC, LIVAREAU.

TROUILLAC, *revenant par la porte de droite, premier plan, son bougeoir à la main.*

Là, je dois être arrivé quelque part. J'ai pris par un grand corridor...

LIVAREAU, *revenant par la petite porte par où est sorti Trouillac *.*

Si j'en crois mes souvenirs, je ne dois pas être loin de l'office.

EDOUARD, *à part.*

Mais ils jouent à cache-cache! (*Trouillac et Livareau ne se sont pas vus, il se cognent en se retournant.*)

TROUILLAC.

Ah!

LIVAREAU.

Quoi?

TROUILLAC.

Le percepteur! Sapristi! vous m'avez fait peur!

LIVAREAU.

Et vous aussi.

TROUILLAC.

Quand je dis peur, je n'ai jamais peur. (*Reconnaissant l'endroit où il est.*) Ma chambre!...

* Trouillac, Livareau, Edouard, *sous le lit.*

LIVAREAU, *de même.*

La chambre de la femme de...

TROUILLAC.

Ah! bien, par exemple!

LIVAREAU.

J'ai fait le tour!... Vous êtes donc des nôtres.

TROUILLAC.

Comme vous voyez. (*Ils se saluent.*)

LIVAREAU.

Enchanté de l'occasion... Madame va bien?

TROUILLAC.

Je vous remercie... et la vôtre?

LIVAREAU.

Pas mal! pas mal! Mes respects à madame de Trouillac, je vous prie.

TROUILLAC.

Les miens de même à madame Livareau!

LIVAREAU.

Enchanté! Enchanté!... (*A part en rentrant chez lui.*) Avec tout ça... je n'ai pas d'eau de mélisse! (*Il disparaît.*)

SCÈNE VII

TROUILLAC, EDOUARD, *sous le lit.*

TROUILLAC.

Cette porte donne tout simplement sur le même couloir... heureusement que ça se passe. (*Il pose son bougeoir sur la table.*) Maintenant je vais dormir pour achever de me refaire. Je me connais... à présent, je vais ronfler tant qu'on voudra. (*Il va pour se mettre au lit, il s'arrête.*) Diable! tant qu'on voudra, au fait, qu'est-ce qui me réveillera demain matin. Si la pendule sonnait, çà me suffirait, j'ai un sommeil d'enfant. (*Il fait sonner la pendule.*) Oui, elle sonne, je vais la remonter et la mettre à l'heure!... (*Il remonte la pendule.*)

EDOUARD, *à part.*

Qu'est-ce qu'il fait, maintenant... il remonte la pendule... Ah! çà, est-ce qu'il ne va pas se coucher que je m'en aille... Je m'ennuie ici... sans compter qu'il fait un froid de chien. (*Il avise la peau du lit.*) Ah! une fourrure toute trouvée!... (*Il s'enveloppe dans la peau de mouton.*)

TROUILLAC, *faisant marcher les aiguilles en consultant sa montre, mettant les aiguilles de la pendule sur trois heures.*

Là... trois heures... déjà trois heures... comme le temps passe tout de même! (*La pendule sonne.*) Une, deux, trois... quatre; tiens, elle décompte la pendule; cinq, six, sept, huit, neuf; elle décompte ferme encore; onze, douze, (*Etonné.*) treize, quatorze, quinze, seize... Ah! sapristi!... j'aurai détraqué quelque chose... dix-huit, dix-neuf... mais elle ne s'arrête pas... vingt, vingt et un, vingt-deux... mais... elle va réveiller les voisins...

UNE VOIX, *à la porte du fond.*

Hé! là bas! ne sonnez donc pas comme ça... Est-ce que c'est une heure pour remonter les horloges?

TROUILLAC, *prenant la pendule dans ses bras.*

Parfaitement, monsieur, parfaitement!... mais je deviens fou, et elle aussi... où la mettre. (*Il la couche dans*

son lit et la recouvre avec les draps, elle continue de sonner.)
On l'entend encore. (*Il la reprend.*) Le balancier ! (*Il l'arrache, la pendule s'arrête.*) Je respire. (*La pendule se remet à sonner de plus belle.*) Rien, rien, ne l'empêche...

LA VOIX, *frappant à la porte.*

Mais taisez-vous donc, sapristi !

PLUSIEURS VOIX, *de différents côtés.*

Silence ! Silence !

TROUILLAC, *berçant avec la pendule qui continue à sonner plus que jamais.*

Ah ! elle se taira, il faut qu'elle se taise !... (*Il la pose sur la table, va prendre son fusil.*) Une, deux !... (*Il tire sur la pendule qui s'arrête enfin.*) Là, comme ça...

EDOUARD, *à part, étonné.*

Il a tué la pendule !...

TROUILLAC, *s'essuyant le front.*

Ça m'a fait de l'émotion... c'est la première fois que je tire une pendule... c'est égal, j'aime mieux ça... Un coup de fusil, pour un chasseur, c'est un accident et la preuve c'est qu'ils se taisent. Ouf! Ah ! bien ! je m'amuse ici !... (*Il pose son fusil près de la cheminée et regarde sa montre.*) Trois heures et demie, je n'ai plus qu'une heure et demie à dormir... couchons-nous. Tant pis, je me réveillerai quand je pourrai. (*Il se recouche. La pendule sonne un dernier coup.* Encore !... Non! c'est le dernier soupir du grand ressort... (*Edouard qui est sous le lit, a fini par s'endormir et commence à ronfler.*) Et faut-il que je tombe de sommeil... voilà que je ronfle même avant d'être endormi... Je ronfle même très-fort et ça m'étonne... d'ordinaire, j'ai une moins belle

basse-taille que ça. (*Par réflexion.*) Mais sapristi! non!
ce n'est pas moi! Je me tâte, je veille encore... ça vient
de là, de dessous le lit... c'est sans doute un rat. (*Il se
penche et regarde.*) Non, c'est un gros chat... (*Il descend de
son lit et se baisse pour regarder dessous. Se relevant vivement.*) Ciel!... Qu'ai-je vu! un homme! il y a un homme
sous mon... Un voleur, peut-être!... un voleur qui s'est
introduit dans ce château, au milieu de chasseurs ar-
més... L'imprudent! C'est la Providence qui l'a endormi...
Il faudrait avertir les autres, sans bruit... (*Il va à la fenêtre.*)

SCÈNE VIII

Les Mêmes, LIVAREAU.

LIVAREAU, *rouvrant la porte de sa chambre.*
C'est moi qui ne vais pas à présent.

TROUILLAC, *l'apercevant* *.
Ah! Livareau... c'est Jéhovah qui l'envoie...

LIVAREAU.
Monsieur de Trouillac... encore levé!...

TROUILLAC, *bas.*
Silence et regardez là... sous le lit.

LIVAREAU.
Quoi donc! (*Il se met à quatre pattes et regarde sous le lit.*)

TROUILLAC.
Une boule dans une peau de mouton?

LIVAREAU.
Oui, je n'avais pas remarqué...

* Livareau, Edouard, *sous le lit*, Trouillac.

TROUILLAC.

Ça ronfle !

LIVAREAU, *se relevant.*

Qu'est-ce que c'est ?

TROUILLAC.

C'est un voleur l

LIVAREAU, *effrayé.*

Un voleur !

TROUILLAC, *prenant son fusil et mettant Edouard en joue* *.

Il tremble... Oh ! ces hommes du centre... Ne bougez pas, je vais le tenir en respect avec mon fusil.

LIVAREAU.

Mais il dort...

TROUILLAC.

C'est à cause de ça. Pendant ce temps, vous, allez cher-cher du renfort, seulement, pressez-vous... Je ne réponds pas de tenir longtemps, je n'ai jamais peur; mais je suis horriblement fatigué.

LIVAREAU.

Parfaitement. Un voleur dans les chambres. Eh bien, il ne manquait plus que ça pour remettre ma femme ! (*Il sort par la petite porte premier plan.*)

SCÈNE IX

TROUILLAC, ÉDOUARD.

TROUILLAC, *toujours en joue, reniflant.*

Allons bon ! allons bon ! voilà que je [m'enrhume aussi

* Trouillac, Edouard, Livareau.

et que j'ai envie d'éternuer... non, je n'éternuerai pas!
j'arriverai à ne pas... il y va de ma vie, de **mes jours**...
(*Il éternue malgré lui.*) Atchi! sapristi!

EDOUARD, *se réveillant.*

Dieu vous bénisse!...

TROUILLAC.

Ça l'a réveillé! (*Criant.*) Au secours, à la garde!... (*Il se
met derrière la table.*)

EDOUARD, *sortant de dessous le lit toujours avec la peau de
mouton sur le dos* *.

Il m'a vu!

TROUILLAC, *à Edouard.*

Pas un mot, pas un geste!. ou je tire.

EDOUARD

Sapristi!... (*Regardant du côté de la petite porte.*) Et on
vient par là!... (*Il cherche une issue et s'avance sur Trouillac.*)

TROUILLAC.

Vous bougez!... c'est vous qui l'aurez voulu! (*Il tire,
mais pendant qu'il a armé, Edouard a passé sous le canon
du fusil et s'est réfugié dans la chambre de Livareau. Le coup
de feu a atteint au bas du dos le baron qui entrait à la porte de
droite, premier plan, suivi de Livareau et de deux chasseurs.*)

SCÈNE X

TROUILLAC, LE BARON, LIVAREAU *et* DEUX CHAS-
SEURS. *Le baron, et les chasseurs sont en costume de chasse.*

LE BARON, *jetant un cri.*

Aïe!

* Trouillac, Edouard.

TROUILLAC.

Sapristi! le baron!

LE BARON.

Je suis mort!... j'ai tout reçu... (*Il s'assied et se relève
aussitôt.*)

TROUILLAC, *allant à lui*[**].

Rassurez-vous, ça n'est que du petit plomb... de Venise.

LE BARON.

Je dois être grêlé... pour la vie!...

LIVAREAU [*].

Mais le voleur! Où est-il votre voleur?

TROUILLAC, *montrant la chambre à gauche.*

Là!

TOUS.

Là!

LIVAREAU.

Dans la chambre de ma femme!

TROUILLAC.

Oui... heureusement qu'il n'y a pas d'issue!

LIVAREAU, *se dirigeant vers sa chambre.*

Mais sapristi! il a peut-être assassiné mon épouse à
l'heure qu'il est! (*Il pousse la porte.*)

TROULLAC.

C'est possible... ces voleurs quand ils sont bloqués!(*Il
remet sa culotte pendant que le baron et les chasseurs mettent
en joue en dirigeant le canon de leur fusil vers la chambre de
Livareau.*)

[*] Trouillac, le baron, Livareau, *les chasseurs un peu au-dessus.*
[**] Trouillac, Livareau, le baron, *les chasseurs.*

LIVAREAU.

Eh bien ! vous êtes gentil, vous...

LE BARON *.

Entrez !

LIVAREAU.

Certainement que je vais entrer, du moment qu'il s'agit de ma femme. (*Livareau entre dans la chambre.*)

LE BARON, *abaissant son fusil.*

Je vous laisse chercher... mais je suis bien sûr que vous avez rêvé tous les deux, et qu'il n'y a pas plus de voleur que sur la main... des voleurs chez moi, ça ne se serait pas vu depuis mon grand-père... c'est-à-dire, je m'explique...

LIVAREAU, *ressortant étonné.*

Personne ! (*Les chasseurs abaissent leurs fusils.*)

TROUILLAC, *descendant **.*

Personne ?

LE BARON.

Là, qu'est-ce que je disais !

LIVAREAU

Et ma femme va mieux !

TROUILLAC.

Madame Livareau ! Ah ! ah !

LIVAREAU.

Oui, elle n'a rien vu non plus !

LE BARON.

J'en étais certain !,.. Vous aurez dormi tout éveillé !...

* Livareau, le baron, *les chasseurs Trouillac près du lit.*

** Livareau, Trouillac, le baron, *les chasseurs au-dessus.*

TROUILLAC, *regardant alternativement le baron et Livareau.*

C'est possible, alors, nous avons rêvé! (*A part.*) Par où a-t-il bien pu s'en aller?...

LE BARON.

Et maintenant, habillez-vous, cinq heures vont sonner.

LIVAREAU.

Voilà. (*Il entre chez lui. On aide Trouillac à mettre son gilet et sa veste.*)

TROUILLAC.

Cinq heures!... mais je n'ai pas fermé l'œil, moi!...

LE BARON.

Vous dormirez mieux ce soir!... (*Édouard entre par la porte du fond à droite, portant un bol de punch qui flambe.*) En attendant pour vous refaire, vous allez boire avec nous un verre de punch chaud... (*Édouard a posé le bol sur la table.*)

SCÈNE XI

Les Mêmes, EDOUARD *.

EDOUARD, *s'approchant de Trouillac.*

Monsieur le désire-t-il brûlant ou non...

TROUILLAC.

Brûlant parce que... (*Le reconnaissant.*) Ah! (*Bas à Édouard.*) C'est vous... comment c'est vous qui...

* Edouard, Trouillac, le baron, *causant avec les chasseurs.*

2.

EDOUARD, *bas.*

Oui, ne me perdez pas, à dîner je vous ferai donner les meilleurs morceaux.

TROUILLAC, *bas.*

Mais comment êtes-vous sorti de là, (*Il désigne la chambre de Livareau.*)

EDOUARD, *bas.*

Par la cheminée !

TROUILLAC, *bas.*

Ah!... et la percepteuse!... elle a dû vous voir?...

EDOUARD, *bas.*

La percepteuse (*Il lui parle bas à l'oreille.*) Je vous revaudrai cela, allez !

TROUILLAC, *à part, riant.*

Ah ! bah !... madame Livareau... la femme aux truffes. C'est ça qu'elle appelle des indigestions.

LE BARON, *descendant.*

Eh bien... y sommes-nous ?

TROUILLAC, *achevant de s'harnacher.*

Voilà ! voilà ! (*Il prend un verre de punch que lui tend Edouard.*)

LE BARON, *à Trouillac.*

Vous avez bien tout ce qu'il vous faut, votre fusil... votre poudrière !...

TROUILLAC.

Ma poudrière, non ! figurez-vous (*Criant.*) Ah ! (*Tendant son verre de punch qui flambe.*) Retirez moi ça !

LE BARON.

Pourquoi donc ?

TROUILLAC.

Je retrouve ma poudrière... elle s'est ouverte dans ma poitrine... je suis plein de poudre... je suis miné !... Ah ! (*On lui retire le verre.*) Un peu plus, j'éclatais ! avec cette flamme... Ah ! quelle nuit !... (*Il retire sa poudrière de son estomac.*)

LIVAREAU, *rentrant en habit de chasse comique* *.

Là je suis harnaché !...

TROUILLAC, *à part le regardant.*

Ce pauvre percepteur, il a encore perçu ça... (*Haut à Livareau.*) Qu'est-ce que vous avez donc sur la tête !

LIVAREAU.

C'est une casquette nouveau modèle.

TROUILLAC.

C'est curieux... ça ne vous gène pas ? (*Il rit en se retournant.*)

LIVAREAU.

Non !

TROUILLAC, *lui frappant sur l'épaule.*

Nous allons donc courir le cerf !

LIVAREAU.

Pourquoi pas ?

TROUILLAC, *lui prenant le bras.*

Alors, je ne vous quitte plus.

LIVAREAU.

Vous avez donc peur des bêtes à cornes ?

TROUILLAC.

Vous voyez bien que non !...

* Edouard, Livareau Trouillac, le baron, *les chasseurs au-dessus.*

LE BARON.

Allons ! En chasse !

TOUS.

En chasse !

CHŒUR

Chasseurs ! le temps est beau !
Par les monts et par la plaine
Courons à perdre haleine !
Tayaut ! tayaut !
(Tout le monde remonte pour sortir. Le rideau baisse).

FIN

F. Aureau. — Imprimerie de Lagny.